DISCOVRS PARTICVLIER CONTRE LES FEMMES DE CE TEMPS DESBRAILLEES.

Par PIERRE IVVERNAY *Prestre Parisien.*

SECONDE EDITION,
Reueuë, corrigée, & augmentée par l'Autheur.

A PARIS,
Chez CLAVDE PREVD'HOMME, ruë d'Escosse, derriere S. Hilaire, à l'Image S. Gregoire.
M. DC. XXXVII.
Auec Approbation.

PREFACE.

LES raisons principales pourquoy plusieurs femmes (c'est toute la mesme chose de plusieurs hommes) par leurs vanitez & folies se soucient si peu de donner à autruy occasion de pecher, sont premierement. Parce que sçachans que Dieu a mis l'homme en la main de son conseil, c'est à dire, l'a creé libre pour consentir ou resister au mal; peut-estre elles se persuadent qu'en donnant à autruy occasion de pecher, (sans neantmoins pour cela desirer qu'il peche) elles meritent plustost qu'elles ne pechent: A cause que par le moyen de telle occasion elles luy

Eccl. 15.

donnent vn sujeƈt pour beaucoup meriter. si dauanture il se veut seruir du talent de sa liberté pour la fin principale pour laquelle il luy a esté donné: C'est à sçauoir, afin de resister & ne pas consentir au mal ou peché. Veu principalement que (selon Thomas à Kempis) les occasions ne nous rendent pas plus fragiles; ains seulement monstrent quels nous sommes, ou autrement, quelle disposition il y a en nous pour la vertu ou pour le vice.

Secondement, par ce qu'elles ignorent l'obligation qu'vn chacun a de procurer le salut de son prochain.

Tiercement, par ce qu'elles estiment comme paradoxe, de dire qu'il faille pleurer & faire penitence pour les pechez d'autruy, mesmes de ceux ausquels on n'a iamais donné occasion de pecher.

Quatriesmement, par ce qu'elles ignorent que les peines dans les enfers, de ceux qui ont donné à autruy occasion de pecher, s'augmentent de plus en plus à proportion qu'il y a des personnes au monde, qui pour le mauuais exemple receu d'eux commettent de nouueau quelque peché.

Cinquiesmement, par ce qu'elles ignorent encor combien sont dangereuses les maledictions contre elles fulminées par les personnes qui à leur occasion sont tombées en quelque peché mortel.

Finalement, par ce qu'elles ne considerent pas la grande obligation qu'elles ont d'estre tousiours enfermées (comme parle saincte Catherine de Sienne) dans le secret cabinet de l'humble connoissance de Dieu & d'elles mesmes.

Or combien ces femmes ſont aueuglées, & combien leurs raiſons ſont friuoles & inexcuſables deuant Dieu; ie leur vay faire ſçauoir par les chapitres ſuiuans.

S. MARIA MAGDALENA.

Vanitas Vanitatum et omnia Vanitas Ecclestastes 1

Matheus excud.

DISCOVRS PARTICVLIER contre les femmes de ce temps desbraillées.

CHAPITRE I.

Du ſcandale.

LE ſcandale proprement eſt, quand on faict ou obmet quelque action, dont vn autre prend occaſion de pecher. Or il y en a de deux ſortes. L'vn ſe nomme *Phariſaïque* : L'autre, *des petits*. Le ſcandale *Phariſaïque* eſt , quand on fait ou obmet quelque actió, dont vn autre prend occaſion de pecher par vne pure & noire malice. Comme (par exemple) quand les Phariſiens (d'où eſt tiré ce mot, *Phariſaïque*) blaſphemoiét voyans noſtre honneur

S. MARIA MAGDALENA.

Vanitas Vanitatum et omnia Vanitas Ecclesiastes 1

Matheus excud.

DISCOVRS PARTICVLIER contre les femmes de ce temps desbraillées.

CHAPITRE I.

Du ſcandale.

LE ſcandale proprement eſt, quand on faict ou obmet quelque action, dont vn autre prend occaſion de pecher. Or il y en a de deux ſortes. L'vn ſe nomme *Phariſaïque* : L'autre, *des petits*. Le ſcandale *Phariſaïque* eſt, quand on fait ou obmet quelque actiõ, dont vn autre prend occaſion de pecher par vne pure & noire malice. Comme (par exemple) quand les Phariſiens (d'où eſt tiré ce mot, *Phariſaïque*) blaſphemoiẽt voyans noſtre honneur prescher & faire des miracles: Ou bien, quand vn heretique blasphe-me, fait des iugemens temeraires, & detracte des Catholiques qu'il voit honorer les images des Saincts & Sainctes, & adorer le tressainct Sa-crement de l'Autel: Ou bien encor, quand les Payens blasphement, font des iugemens temeraires, & detra-ctent des mesmes Catholiques qu'ils voyent ne vouloir honorer ny ado-rer leurs idoles.

Le scandale *des petits* est, quand on fait ou obmet quelque action (soit bonne, soit mauuaise) dont vn autre prend occasion de pecher par pure fragilité, & comme à regret. Comme (par exemple) quand les personnes de quelque famille ou communauté se detraquent du bon train de vie, & s'addonnent aux vices, à cause qu'ils voyent leurs Superieurs mesmes estre desbordez & vicieux, ou bien, ne pas chastier leurs inferieurs qu'ils reconnoissent estre desbordez & vicieux.

Or il n'y a point de peché à causer le scandale *Pharisaïque*, pourueu que par l'action qu'on fait ou obmet on n'ayt point intention de le causer : Comme il appert en ce que nostre Seigneur mesmes ne laissa pas de prescher & faire ses miracles en presence des Pharisiens, qui prenoient de là occasion de blasphemer dauantage contre luy par vne pure & noire malice : D'où vient qu'il dit parlant d'eux auec mespris ; *Laissez-les là, ils sont aueugles, & guides des aueugles*. Mais à causer le scandale *des petits*, tant par quelque action mesmes de soy bône & vertueuse (non toutefois commandée,) que par l'obmission d'icelle, ou bien par quelque action mauuaise & vicieuse, il y a Matth. 15.

tousiours peché mortel ou veniel, selon qu'est le peché que commet celuy qui prend de tel scandale occasion de pecher; encor que celuy qui cause ce mesme scandale, n'ait nullement intention de l'exciter à pecher. Or que cela soit ainsi, il est manifeste chez les Docteurs, & ie le vay encor presentement monstrer par plusieurs passages de l'Escriture & des Saincts Peres.

D. Thom. 2. 2. quest. 43. art. 7. & 8.

Matth. 18.

Et premierement nostre Seigneur dit dans l'Euangile: G*ardez-vous bien de scandaliser l'vn de ces petits qui croyent en moy, parce que leurs Anges voyent tousiours la face de mon Pere qui est au Ciel.* C'est à dire, Gardez-vous bien par vostre mauuais exéple de dóner occasió de pecher à ceux-là qui sót fragiles; parce qu'ils ont leurs Anges gardiens qui sont comme leurs tuteurs & protecteurs, & qui voyent tousiours la face de mon Pere qui est au ciel, & par consequent qui luy rapporteront le tort & l'iniure que vous leur ferez. D'où S. Hilaire tire cette consequence : *Donc c'est vne chose bien perilleuse de mespriser celuy dont les desirs & prieres sont portées au Dieu eternel & inuisible par le ministere ambitieux & maiestueux des Anges.* Et certes, Sainct Hierosme raconte vne histoire espouuentable de cecy, en cette sorte. *Il estoit vne grande dame nommée (Pretextate.)* Elle *auoit sō mary nōmé (Hymetius,) & vne niepce nommée (Eustochium.) Comme cette grande dame pour obeyr à son mary ornoit mondainement sa niepce, luy donnant des habits dissolus, & luy frizant les cheueux: l'Ange gardien de cette fille luy apparut disant. Comment malheureuse que tu es. ose-tu preferer le commandement de ton mary à ce-*

Cant. 18. *in Mat.*

Epist. ad Lætam de inst. filiæ.

luy de Dieu? Comment ose-tu de tes mains sacrileges toucher la teste de cette saincte vierge? Sçache que pour punition de ton peché tes mains deuiendront seiches & arides, & au bout de cinq mois tu mourras & seras damnée: Et si auparauant ce temps tu persistes tousiours en ton peché, ton mary mourra, & tes enfans aussi. Ce que S. Hierosme dit luy estre arriué ainsi de poinct en poinct.

Dauantage, il est encor dit dans
Leuit. 19. l'Escriture: *Garde-toy bien de mettre quelque empeschement deuant l'aueugle, parce qu'il se blesseroit incontinant.* C'est à dire, Garde-toy bien de donner quelque occasion de pecher à celuy qui est fragile, parce qu'il s'y lairroit facilement aller. Et derechef:
Matth. 18. *Malheur à celuy par qui scandale aduient. Malheur au monde à cause des scandales qui s'y donnent.* Et encor: *Si*

quelqu'vn ſcandaliſe l'vn de ces petits qui croyent en moy, il eſt neceſſaire qu'on luy attache vne meule de moulin au col, & qu'on le iette ainſi au profond de la mer. Voila donc ce que meritent ceux & celles qui donnent à autruy occaſion de pecher. S. Paul dit: *Si ton frere eſt contriſté pour te voir manger de la viande, tu ne chemines plus ſelon charité.* Comme voulant dire, deſlors tu as perdu la grace de Dieu, & es en eſtat de peché mortel. Et derechef: *Garde-toy bien en mangeant de la viande* (ou autrement, par ton mauuais exemple) *de perdre celuy pour qui Ieſus-Chriſt eſt mort.* Où il faut remarquer deux choſes. Premierement le peu d'eſtime que font de la Paſſion de noſtre Seigneur ceux qui donnent à autruy occaſion de pecher: de ſorte qu'ils ſemblent la vouloir *meſpriſer, ſouïller, & fouler aux pieds*

Ibidem.

Rom. 14.

Ibidem.

Hebr. 6. *son precieux sang* (comme parle S. Paul,) *& le rendre inutil.* En second lieu, on remarquera le peu d'estime que font ces mesmes personnes-là du salut des ames: En quoy elles se trompent grandement. Car si vn lapidaire (par exemple) tres-expert en son mestier achetoit vne pierre cent mil pistoles, ne iugerions-nous pas qu'elle seroit bien excellente; veu que nous sçaurions que ce lapidaire ne pourroit pas s'estre trompé en l'achetant? Or S.Paul inspiré du sainct Esprit, dit que Iesus Christ a racheptë nostre ame d'vn grand prix: (Car il dit; *vous estes racheptez de grand prix:*) Donc nous deuons grandement estimer le salut de nostre ame & de celle de nostre prochain, & par consequent le preferer à tous les biens du monde: veu que d'ailleurs nous sommes asseurez que Iesus-Christ ne peut pas s'estre trom-

1. Cor. 6.

pé en nous racheptant: attendu *qu'en luy* (comme dit le mesme Sainct) *est caché le tresor de toute science & sapience.* Finalement il dit encore: *Blessans la conscience tendre de vos freres, vous pechez contre Christ.* Et derechef: *Si la viande scandalise mon frere, i'ayme mieux m'abstenir eternellement d'en manger, afin de ne le point scandaliser.*

Coloss. 2.

1. Cor. 8.

Ibidem.

De plus, ceux qui scandalisent leurs prochains sont comme les instrumens du diable, pour attirer les ames à luy; Au lieu de seruir d'instrumens à Dieu, pour les luy attirer. Sainct Paul nous exhorte à ce que nous soyons tousiours *vne bonne odeur de Iesus Christ à Dieu.* C'est à dire, que tout ainsi que les corps odoriferans (comme, par exemple, vne rose) recréent par leur odeur ceux qui sont presens: De mesme par nostre

2. Cor. 2.

bon exemple nous edifions nos prochains. Et de fait, c'est vne merueille de voir combien le bon exemple a de pouuoir pour attirer les ames à la pieté & deuotion. Il est rapporté de saincte Colete (tres-digne reformatrice de l'Ordre de saincte Claire,) & aussi de saincte Marie d'Ognie, que comme plusieurs ieunes hommes grandement dissolus & débauchez, & entr'autres vn certain Ecclesiastique de Cambray aussi grãdement débauché, les virent marcher auec vn maintien si graue, & vne modestie si honneste : aussi tost ils fondirent en larmes pour la grande contrition de cœur qu'ils conceurent sur le champ de leurs pechez. D'où vient que deslors ils se reformerent, & vesquirent sainctement le reste de leur vie ; tant estoit grande & efficace la grace du S. Esprit, qui

Apud Surium, tom. 7. in vitis Illarum.

de

de la plenitude du cœur de ces deux grandes Sainctes redondoit en leur face, en leur maintien, & en leurs actions.

Or maintenant, de sçauoir si les femmes pour se monstrer desbraillées causent le scandale *des petits*, & par consequent pechent mortellement ou veniellement seulement : C'est ce que i'examineray cy apres au chapitre septiesme.

Chap. II.

Du soin qu'on doit auoir du salut de ses prochains.

Cecy nous est expressément commandé en plusieurs endroits de l'Escriture. Et premierement où il est dit: *Dieu a donné charge à vn chacun de son prochain.* Et derechef: *Si ton frere peche, corrige-le.*

Eccli. 17.

Matth. 18.

1. Ioan. 3. Et encor : *Nous deuons exposer nostre propre vie pour le salut de nos freres.* Dieu mesmes a eu vn tel soin du salut de nos ames, qu'il a enuoyé icy bas
Ioan. 3. son fils vnique, afin de s'incarner & endurer vne mort tres-douloureuse & tres-ignominieuse sur l'arbre de la croix pour iceluy. De là vient que Moïse pour le grand zele qu'il auoit à son imitation du salut de son peu-
Exod. 32. ple, disoit: *Ou pardonnez, Seigneur, à ce peuple cette faute : Ou effacez moy du liure de vie, dans lequel vous m'auez escrit.* C'est à dire, priuez-moy plustost du Paradis & de la gloire eternelle. Et Dauid voyant que Dieu
2. Reg. vlt. affligeoit son peuple: *C'est moy qui ay peché, c'est moy qui ay fay iniustement : Ceux-là qui sont des moutons, qu'ont-ils faict? Ie vous prie donc, Seigneur, tournez vostre main à l'encontre*
Rom. 9. *de moy.* Et sainct Paul : *Ie desirois*

estre fait anatheme pour mes freres: C'est à dire, estre priué de la grace de Dieu. Ce n'est pas qu'il desirast cela absolument (veu qu'il dit ailleurs; *Nulle creature ne me pourra iamais separer de l'amour en Iesus-Christ:*) Mais il vouloit seulement signifier par cette façon de parler, qu'il estoit prest d'endurer pour le salut de ses freres tous les tourmens qu'endurent & peuuent endurer ceux qui sont priuez de la grace de Dieu, comme sont les damnez.

Et vne autre fois: *Ie suis tourmenté de deux grands desirs: L'vn d'estre deslié de ce corps, & estre auec Iesus-Christ: Et cecy me seroit bien meilleur; parce que ie serois hors le dãger de pecher & d'estre reprouué. L'autre desir dont ie suis tourmenté, est d'estre tousiours auec mes freres, afin de les exhorter à la pieté & deuotion: Et celuy-cy* Philip. 1.

ne me seroit pas si bon: parce qu'estant auec eux ie serois tousiours dans le dāger de pecher & d'estre reprouué. Mais pourtant, pour le grand zele que ie porte au salut de mes freres, i'aime mieux estre encor auec eux, afin de les exhorter à la pieté & deuotion, & par ainsi estre dans le danger de pecher & d'estre reprouué: que non pas estre deslié de ce corps, & estre auec Iesus-Christ & par ainsi estre hors le danger de pecher & d'estre reprouué. Sur quoy S. Chrysostome s'écrie: *Quoy? Qu'est-ce là? Où est l'esprit de Sainct Paul? il ne luy est iamais arriué chose pareille, ny ne luy peut arriuer. De dire, qu'il aime beaucoup mieux estre tousiours auec ses freres, afin de les exhorter à la pieté & deuotion, & par ainsi estre tousiours dans le danger de pecher & d'estre reprouué: que non pas estre deslié de son corps, & estre auec*

In Com. ibid.

Iesus-Christ, & par-ainsi estre hors le danger de pecher & d'estre reprouué. Et certes, qui seroit le marchand qui ayant sa nauire chargée de marchandise, & estant heureusement arriué au port, voudroit de nouueau retourner sur la mer , pour se mettre en danger de perdre sa marchandise ? Qui seroit le soldat, qui estant prest d'estre couronné voudroit de nouueau retourner au combat, & se mettre en danger de perdre sa couronne? Ou qui seroit encor le soldat, qui estant prest d'arriuer auec triomphe en sa maison , & de iouyr de l'abondance de toutes choses, voudroit de nouueau retourner à la guerre pour endurer la sueur & fatigue, & exposer sa vie à mil sortes de dangers? Et neantmoins c'est ce qu'a fait S. Paul *Philip. 1.* *recherchant plustost* (comme il dit luy-mesme) *l'interest de ses freres que le sien propre.*

Outreplus S. Martin Euesque de Tours estant proche de la mort, ne disoit-il pas encor à Dieu pour le grand zele qu'il auoit du salut de ses prochains: *Seigneur, si ie suis encor necessaire à vostre peuple, ie ne refuse point le trauail: Que vostre volonté soit faicte.*

Or maintenant, femmes, puis-que vous deuez conceuoir vn si grand zele du salut de vos prochains: Combien à plus forte raison deuez-vous auoir grand soin d'oster en vous tout ce qui leur peut donner occasion de tomber en quelque peché mortel ou veniel, & par consequent d'auoir tousiours vostre sein, vostre col, & vos bras cachez & couuerts?

CHAP. III.

Qu'il faut pleurer, & faire penitence pour les pechez d'autruy.

CEcy semblera paradoxe à plusieurs; mais pourtant ie le vay prouuer clairement par plusieurs témoignages de l'Escriture saincte. Et premierement Ieremie disoit : *Qui donnera de l'eau à mon chef, & à mes yeux vne fontaine de larmes ; & ie pleureray iour & nuict les meurtres qui ont esté faits.* Dauid : *Mes yeux (Seigneur) ont ietté vne riuiere d'eau, à cause que les pecheurs n'ont point gardé vostre loy.* Le mesme : *Ie suis tombé en defaillance à cause des pecheurs qui ont quitté vostre loy.* Et derechef ayant sçeu que son fils Absalon estoit mort en ses pechez: *Absalon mon fils! mon fils Absalon! qui est-*

Ierem. 9. *Psal. 118.* *Ibidem.* *2. Reg. 18.*

qui me pourra faire cette grace, que ie puisse mourir pour toy? C'est à sçauoir, pour le deliurer de ses pechez & de la mort. Où il faut remarquer, comme pour l'extréme angoisse de son cœur il repete par deux fois & à rebours ces paroles, *Absalon mon fils, mon fils Absalon.* De mesme encor, ayant sçeu que Saül estoit mort en peché mortel, il est dit *qu'il en a eu*
2. Reg. 1. 2. Reg. 15. *tres grand dueil.* Pareillement Samuel a grandement pleuré, de ce que Saül auoit esté reprouué. Isaïe parlant des
Isai. 16. & 21. Moabites qui estoient ennemis de Dieu, & auoient esté malheureusement tuez en leurs pechez, dit: *Sur ce ie pleureray en dueil.* Et vn peu aprés il adiouste: *Sur ce mon ventre raisonnera comme vne harpe enuers Moab.* C'est à dire, ie tireray de mon ventre des sanglots & souspirs tres-grands sur sa mort. Ailleurs Dieu a

dit à Ezechiel: *Passe par le milieu de* Ezech. 9.
la cité au milieu de Ierusalem, &
imprime la lettre T (qui est la figure
de la Croix) *sur le front des hommes*
qui pleurẽt sur toutes les abominations
& meschancetez qui se commettent au
milieu d'icelle. C'est à sçauoir, ceux-
là estoient marquez cõme pour ce de-
stinez à la gloire eternelle, & comme estans grandement agreables à
Dieu, lesquels pleuroient les pechez
d'autruy. Sainct Paul: *I'ay vne grande* Rom. 6.
tristesse & vne continuelle douleur en
mon cœur, & pour ce mesmes i'ay desi-
ré estre fait anatheme pour mes freres.
Il dict encor, qu'il a pleuré *sur tous* 1. Cor. 12.
ceux qui n'ont point fait de penitence
de leur immondice & fornication. Et
derechef: *Plusieurs marchent dont* Philip. 2.
i'ay desia parlé & parles encor à pre-
sent la larme à l'œil, ennemis de la
croix de Iesus-Christ, lesquels n'ont

point d'autre Dieu que leur ventre.
2. Cor. 2. Et en l'Epiſtre aux Corinthiens: *Auec beaucoup de tribulation, & beaucoup d'angoiſſe de cœur cõiointe auec beaucoup de larmes ie vous ay eſcrit: afin que vous ſçachiez combien eſt grande & abondante la charité que i'ay enuers vous.* Et ailleurs eſcriuant aux meſmes: *Qui eſt-ce qui eſt malade, que*
2. Cor. 11. *ie ne ſois auſſi malade? Qui eſt ſcandaliſé, que ie ne bruſle auſſi en moy-meſme?* De là vient que S. Chryſoſtome a dit que *perſonne n'a iamais tant pleuré ſes propres pechez, que ſainct Paul a pleuré ceux d'autruy.* Pareillement lors que preſque tout le peuple d'Iſraël couroit apres les faux Dieux, il
3. Reg. 19. eſt dict que le ſeul Helie *eſtoit caché en vne cauerne, zelé du zele pour le Seigneur Dieu des armées, parce qu'ils auoient rompu l'accord de leur Seigneur.* Derechef comme le peuple

d'Israël pour ses pechez estoit detenu en captiuité depuis soixante & dix ans entiers, il est dit de Daniel (qui estoit iuste, veu que pour ceste raison il est appellé dans l'Escriture, *L'hôme des desirs de Dieu,*) *qu'il a tourné sa face vers le Seigneur Dieu, & l'a prié instamment couuert de cendre, d'vn sac, & ieusnant, afin qu'il pardonnast les pechez de ce peuple, & le retirast de la captiuité où il estoit.* Bref, il est rapporté de Saincte Leugarde Vierge, qu'elle a ieusné & fait penitence l'espace de quatorze ans entiers pour les pechez de tout le monde (selon que nostre Dame mesmes luy auoit commandé en vne particuliere apparition:) C'est à sçauoir, en ne mangeant qu'vn peu de pain, & ne beuuant que de la biere és sept premiers; & és sept autres en ne mangeant encor qu'vn peu de pain, auec quelque

Dan. 9.

In vita eius apud Suriũ, tom. 3. p. 661. Item, 16. Iunij.

peu d'herbes. Or maintenant, puis qu'vn chacun eſt obligé de pleurer, & faire penitence pour les pechez d'autruy : Combien ſont effrontées les femmes qui non ſeulement ne pleurent pas, ny ne font point penitence pour les pechez de leurs prochains : Mais au contraire les induiſent & excitent à pecher en leur monſtrant leur col & leur ſein nud, auec vne grande partie de leur dos & de leur bras découuerte.

CHAP. IV.

Que les femmes desbraillées ſont ſorties du ſecret cabinet de l'humble connoiſſance de Dieu & d'elles meſmes.

QVAND on voit par les ruës ou dans les Egliſes, ou ailleurs vne femme monſtrant ſon ſein nud, on peut bien asseurément dire d'elle ce que Saincte Catherine de Sienne *In Dial.* auoit accoustumé de dire des Religieux & autres personnes Ecclesiastiques qui ne se peuuent tenir en leur chambre, ains desirent tousiours aller dehors courir çà & là sans cause. C'est à sçauoir, qu'elle est sortie du secret cabinet de l'humble connoissance de Dieu, & de soy mesme. Car cõment est-ce (ie vous prie) qu'vne femme accoustrée de telle sorte pourroit penser à adorer la presence de Dieu? Comment est-ce qu'elle pourroit s'estudier à correspondre à cette longueur, largeur, hauteur, & profondeur de la charité que nostre Seigneur nous a témoigné par sa Passion: à quoy neantmoins S. Paul nous exhorte, quãd il nous inuite à bien cõprendre auec tous les Saincts la grãdeur de ceste charité? Comment est-ce qu'elle *Ephes. 4.*

feroit perpetuellement occupée à remercier Dieu de tous ses benefices temporels & Spirituels, lesquels sont infinis? Comment est-ce encor qu'elle pourroit estre occupée à deplorer perpetuellement ses pechez passez, & à en faire continuelle penitence? Comment est-ce qu'elle s'estudieroit perpetuellement à offrir à Dieu sõ corps, son ame, & tout ce qu'elle a, soit interieur, soit exterieur? veu que toute sa pensée est ordinairement occupée à son sein, à son visage, à sa coiffure, à ses habits, à ceux qui la regardent, & à vne infinité d'autres niaiseries, folies, & sottizes. De sorte que son esprit ainsi occupé est semblable à vn oignon qui n'est quasi composé que de pelures inutiles; ou à vne chambre pleine de toiles d'araignées qui ne seruent à rien. En quoy elle est vrayement vne apostat, vne larronnesse, &

vne ſacrilege. Car elle dérobe à Dieu la pensée par laquelle elle doit adorer ſa ſaincte preſence : la pensée par laquelle elle doit rechercher les occaſions de correſpondre à ſa paſſion douloureuſe par la mortification de tous ſes ſens & ſentimens interieurs & exterieurs : la pensée par laquelle elle le doit remercier de tous ſes benefices, la pensée par laquelle elle doit luy demander pardon de tous ſes pechez paſſez, bref la pensée par laquelle elle doit luy offrir tout ce qu'elle eſt & tout ce qu'elle a.

Au reſte, les femmes desbraillées ſont bien eſloignées d'imiter Saincte Macrine, laquelle comme il luy fuſt arriué vn mal au tetin qui la menaçoit de la gangrene, ayma mieux s'expoſer au danger manifeſte de tel inconuenient & de la mort meſmes en le cachant, que non pas le mon- 19. Iuly.

ſtrer à vn Chirurgien pour en eſtre penſée: Ce que Dieu luy témoigna auoir agreable, attendu que ſa mere lors en faiſant à ſon inſtance le ſigne de la Croix ſur ſon mal, le guerit miraculeuſement. Or ie veux que cecy ſoit plus à admirer qu'à imiter: Si eſt-ce que la cauſe pourquoy cette Saincte faiſoit difficulté de monſtrer ſon mal à vn Chirurgien ou Medecin, eſtoit parce qu'elle eſtoit tres-eſtroictement enfermée interieurement & exterieurement dans le ſecret cabinet de l'humble connoiſſance de Dieu & de ſoy-meſme en la maniere ſuſdite.

Elles ſont encor bien eſloignées d'imiter cette autre Saincte, qui diſoit: *Periſſe ce corps qui a peu plaire aux yeux des hommes.* Car au contraire, toute leur eſtude n'eſt qu'à s'attiffer & parer pour plaire aux yeux tant des dés hommes, que dés autres femmes. En quoy elles quittent (aueuglées qu'elles ſont) le Createur pour la creature; le bien infiny pour le bien finy, & la verité pour le menſonge.

Finalement, ie vous laiſſe à penſer ſi le diable (qui a accouſtumé de peſcher en eau trouble) parmy tout ce tracas s'oublie à bien iouër ſon roolle & ſon perſonnage. Il eſt à croire que tout ainſi que l'oyſeleur, quand il voit la terre couuerte de neiges, en ſorte que les oyſeaux & autres animaux ne peuuent rien trouuer à manger, lors principalement tend ſon rets & ſes appas pour les attrapper. De meſme, quand le diable voit vne perſonne addonnée à la vanité, en ſorte qu'elle ne ſe peut repaiſtre des choſes ſpirituelles: c'eſt lors principalement qu'il tend ſes pieges pour la ſurprendre, & la faire tomber à la trauerſe en quelque ſorte de peché mortel.

Chap. V.

Que la nudité du ſein feminin eſt expreſſément blaſmée par l'Eſcriture ſaincte.

CECY ſe manifeſte en pluſieurs endroits. Premierement, le Prophete Ieremie parlant auec mépris de quelques femmes de mauuais
Thren. 4. renom, dit : *Elles ont monſtré leur*
Iſai. 3. *mammelle nue*. Et Iſaïe: *Elles ont marché monſtrans vn grand col nud.* Et
Ezech. 16. Ezechiel parlant à vne certaine autre de pareille farine: *Tes mammelles auoient groſſi, & eſtoient nues ; & pour ce tu eſtois pleine de confuſion.* Et ailleurs il nomme les mammelles des femmes, *vn lict* ; comme (par exem-

ple) où il dit: *Les enfans de Babilone sont venus vers elle au lict des mammelles.* C'est à sçauoir, parce que les mondains ont de coustume de reposer leurs regards lascifs sur ces mammelles comme sur vn lict. *Ezech. 23.*

Pareillement le Prophete Ozée dit: *Qu'elle oste ses adulteres du milieu de ses mammelles.* Et Salomon : *Il estoit vne femme accoustrée en courtisane* (c'est à sçauoir, principalement en-tant qu'elle monstroit son sein nud,) *preparée pour surprendre les ames.* Où il rapporte que voulant seduire vn ieune homme, elle luy dit: *Venez, enyurons-nous de nos mammelles.* C'est à dire, prenons-y toutes sortes d'esbats, de contentemens, & de passe-temps. *Ozea. 2.* *Prouerb. 7.* *Ibidem.*

Au reste, tant s'en faut que l'Escriture saincte permette la nudité du sein feminin; qu'au contraire sainct

Paul commande expressément à la femme d'auoir en l'Eglise *vn voile sur la teste à cause des Anges*: c'est à dire, des Prestres. Et derechef il dit ainsi:

1. Cor. 11.

Ie veux que les femmes soient en habit decent, se parans auec vergongne & sobrieté sans se frizer les cheueux, sans or, sans pierreries, & sans aucun habillement trop somptueux; mais selon qu'il est conuenable aux femmes demonstrans la pieté par leurs bonnes œuures. Pareillement Sainct Pierre deffend aux mesmes femmes *d'auoir vne cheuelure de dehors*, c'est à dire, empruntée (à sçauoir, outre la coustume des honnestes & vertueuses dames.) Et le susdit sainct Paul dit encor: *Abstenez-vous de tout ce qui a apparence de mal.* Or maintenant, si dauanture nous deuons mesmes nous abstenir de tout ce qui a apparence de mal: Combien à plus forte raison

2. Tim. 2.

1. Petr. 3.

1. Thess. 5.

se doiuent abstenir les femmes de mõstrer leur sein nud; veu que telle demonstration non seulement a apparence de mal , mais mesmes est vn vray mal & peché , comme ie l'ay desia demonstré par l'Escriture saincte, & le prouueray encor par aprés plus amplement.

Finalement, Sainct Cyprian parle ainsi à la femme desbraillée. *Tu ne te peux excuser, comme si tu estois chaste & pudique d'esprit: Ton accoustrement meschant & impudique te dément.* Car (comme dit le Sage) *l'habillement du corps, & le ris des dents, & l'alleure de l'homme monstre quel il est.* Ou il faut parler (adiouste sainct Hierosme) *comme nous sommes vestus, ou se vestir comme nous parlons. Pourquoy voulons nous monstrer d'vn, & faire entendre d'autre? La langue discoure de la chasteté; & cependant tout*

Lib. de habitu Virg.

Eccli. 19.

Epist. ad Furiam.

le corps ne demonſtre qu'vimpudicité. Et ſaincte Agathe parlant auſſi des meſmes femmes desbraillées & ſcandaleuſes, dit *qu'elles ſont plus de tort en vne ville, que ſi on y mettoit le feu aux quatre coins, ou empoiſonnoit les fontaines publiques dont tout le monde boit.* Et certes, d'où penſons-nous que ſont causées toutes ces guerres, peſtes, & famines qu'on voit ſouuent en France, ſinon des pechez qui y regnent; leſquels ordinairement prennent leur naiſſance de cette maudite nudité du ſein feminin?

3. Februar.

CHAP. VI.

De deux certains grands maux, au danger desquels s'exposent ceux & celles qui donnent à autruy occasion de pecher, comme sont particulierement les femmes desbraillées.

IL y a deux certains grands maux, au danger desquels s'exposēt ceux & celles qui donnent à autruy occasion de pecher. C'est premierement, que si dauanture il arriuoit qu'ils fussent damnez, leurs peines dans les enfers augmenteroient tous les iours à proportiō qu'il y auroit d'autres personnes au monde, qui pour le simple ressouuenir du mauuais exēple qu'elles auroient receu d'eux tomberoient en quelque sorte de peché mortel ou veniel. Comme (par exemple) parce que Caluin a escrit des liures contre la Religion Catholique, maintenant qu'il est en enfer, ses tourmens s'augmentent & croissent tous les iours à proportion qu'il y a des personnes au monde, qui en lisant ses venimeux escrits se peruertissent. Et cecy nous est signifié dans l'Escriture, où il est dit que le mauuais riche estant en enfer demandoit à Dieu, qu'il luy pleust enuoyer quelque grand Prophete à ses freres qui estoient au monde, afin de les instruire, & par-ainsi empescher qu'ils n'arriuassent au mesme lieu des tourmens auec luy. Car ce qui excitoit ce mauuais riche à faire telle demande à Dieu, n'estoit pas la charité qu'il portast à ses freres, veu que les damnez n'ont aucune charité, selon qu'il est dit; *La superbe de ceux qui vous haissent monte tousiours* C'est à dire, va tousiours en croissant & en

Psalm. 73.

augmentant. Mais seulement c'estoit, parce qu'il sçauoit bien qu'à proportion que ses freres pecheroient à cause du mauuais exemple qu'il leur auoit laissé, ses peines & tourmens s'augmenteroient & croistroient en enfer d'autant plus.

Il y a encor vne autre reuelation de cecy dans saincte Brigide. Car elle rapporte qu'vne certaine femme dãnée pour auoir enseigné à pratiquer à sa fille ce contre quoy maintenant i'escris, c'est à sçauoir, à s'habiller dissolument & mondainement: s'apparut à elle comme sortant d'vn lac tenebreux, ayant le cœur arraché du ventre, les léures entierement couppées, le nez tout rongé, les yeux arrachez de la teste & pendans sur les iouës, la poictrine couuerte de gros vers, & auec des cris & lamentations espouuentables se plaignant de sa fil- *Lib. 6. c. 52.*

le, & comme si elle eust parlé à elle, disant: *Entends ma fille & venimeuse lezarde! Malheur sur moy de ce que i'ay esté ta mere. Car toutes & quantes fois que tu imites & ensuis les œuures de mes meschantes coustumes* (c'est à dire, que tu pratiques les vanitez & pechez que ie t'ay enseignez,) *autant de fois ma peine est renouuellée, & mes feux me bruslent auec plus d'ardeur.*

La seconde chose que doiuent craindre ceux & celles qui donnent à autruy occasion de pécher, sont les maledictions que fulminent quelquefois à l'encontre d'eux les personnes qui à leur occasion sont tombées en quelque peché mortel. Parce que Dieu quelquefois en vertu de telles maledictions permet que ceux & celles mesmes qui ont donné telle occasion de pecher, tombent de nouueau en quelque ſorte de peché mortel, & meurent en cet eſtat malheureux. Car il eſt dit dans l'Eſcriture: *La priere de celuy qui te maudira en l'amertume de ſon ame ſera exaucée.* Et pour mieux confirmer & donner à entendre dauantage cecy, l'Eccleſiaſtique non ſeulement en ſuitte repete derechef les meſmes paroles, diſant; *Et celuy qui l'a faict* (c'eſt à dire Dieu,) *l'exaucera.* Mais encor ailleurs il dit auſſi ouuertement: *Dieu exaucera la voix de celuy qui donne malediction.* Et de faict, combien a-t'on veu d'hiſtoires meſmes des petits enfans qui n'ayans pas encore l'vſage de raiſon, & par conſequent eſtans incapables de pecher, pour auoir eſté maudits de leur pere ou de leur mere ont ſoudainement reſſenti les effects de telle malediction? C'eſt à ſçauoir, en-tant que ſur le champ ils ont eſté poſſe-

Eccl. 4.

Ibidem.

Eccl. 34.

dez du malin esprit, ainsi que rapportent Surius 25. *Mayi in vita S. Zenobij, & S. August. lib. 22. de Ciuit. Dei, & de Diu. ser. 94.* Voyent donc maintenant en quels dangers se iettent ces femmes impudentes, qui par leur accoustrement lascif cheminans par les ruës & és places publiques seruent de pierre d'achoppement à plusieurs: Quelles craignent que le diable en vertu des imprecations contre elles fulminées par les personnes qui à leur occasion sont tombées en quelque peché mortel, & aussi par d'autres qui ont tel spectacle en horreur, n'entre sinon en leur sein & en leur corps, pour le moins en leur ame: sinon par soy mesme & en propre personne, pour le moins par sa semence, qui est le peché mortel. Ce qui est beaucoup plus à craindre, veu que plusieurs saincts personnages ont autrefois demandé à Dieu à estre plustost possedez du diable, afin de ne point mesmes tomber en certain peché veniel dont ils estoient tentez: ce que Dieu accorda à quelques vns d'iceux, comme rapporte Seuere Sulpice *in vita S. Martini*. Et la raison est, parce que le peché mortel nous rend ennemy de Dieu, indigne de la beatitude celeste, & coulpable de la damnation eternelle: ce que ne fait pas le diable en vn possédé qui est sans peché mortel. Voire mesmes, qu'elles craignent aussi que le diable n'entre par soy mesme & en propre personne en leur sein & en leur corps, ou que la terre ne s'ouure sous elles, & les engloutisse, ou que le foudre ne les escraze en vn instant, ou que quelque autre grand malheur exterieur & apparant ne leur aduienne. Parce que (comme dit fort bien l'Angelique

1.2.qu.87. art. 6. ad 3. Docteur sainct Thomas) *il est necessaire pour l'equité de la iustice, que ceux qui ont esté scandalisez par la coulpe* (exterieure, notoire, & publique) *d'autruy, soient edifiez par la punition* (exterieure, notoire, & publique) *de celuy-là mesme.* Comme il appert de Dauid, lequel pour auoir donné occasion à ses ennemis de blasphemer a esté puny de Dieu exemplairement en la mort visible de son fils qu'il aymoit tendrement.

CHAP. VII.

Sçauoir, si ces femmes pechent mortellement pour estre desbraillées?

IVsques icy i'ay ressemblé le chat qui se ioue & pelotte long temps la souris auparauant que de la manger: Car en la mesme façon ie me suis comme esgayé cy-dessus à monstrer par diuers biays & moyens, comme c'est grandement mal fait aux femmes d'estre desbraillées. Mais c'est maintenant qu'il leur faut parler François, & à bouche ouuerte, en leur monstrant encor à l'œil, & leur faisant toucher au doigt, comme c'est vn peché mortel. Or afin d'expliquer plus clairement cecy, i'vseray de la distinction suiuante.

Ie dis donc en premier lieu, qu'vne femme ne monstrant son sein qu'vn peu descouuert, absolument parlant ne peche que veniellement. La raison de cecy est celle qui est contraire à celle de la seconde partie qui suit de la presente distinction.

En second lieu ie dis, qu'vne femme mõstrant son sein beaucoup descouuert deuant plusieurs hõmes, comme (par exemple) en cheminant par les ruës, ou dans les Eglises, ou en quelque autre lieu que ce soit, absolument parlant, peche mortellement. La raison de cecy est, parce qu'vne grãde partie d'iceux a de coustume de prendre de là occasion de tomber tost ou tard en quelque sorte de peché mortel par pure fragilité, & comme à regret. Les histoires sacrées & profanes, cõme aussi l'experience iournaliere témoignent cecy. Ainsi l'enseignent Syluestre au mot, *Ornatus*, nombre 4. Angelus aussi au mot, *Ornatus*, nombre 10. Fernandes de Moure en la 4. partie de son Examen de la Theologie morale chap. 8. §. 3. nombres 3. & 5. Emmanuel Sà au mot, *Ornatus*, nombre 2. Iacques Pichonneau nombre 231. Iean Polman en son liure intitulé, *Le Chancre*, art. 7. & plusieurs autres. Au reste, si quelqu'vn desire sçauoir

ſçauoir quelques hiſtoires d'aucunes femmes damnées, & tourmentées en enfer particulierement au ſein & és mammelles pour auoir autrefois pris plaiſir à les monſtrer nuës & deſcouuertes : Comme auſſi d'aucuns Confeſſeurs damnez pour auoir souffert en leurs penitentes vn tel abus : qu'il liſe Guillaume Pepin *lib.1.de confeſſ. c.* 13. & la Chronique des Freres Mineurs *p.2.l.5.c.38.*

Toutefois, quelquefois vne femme ne monſtrant ſon ſein qu'vn peu deſcouuert pechera mortellement : Et vne autre femme au contraire monſtrant ſon ſein beaucoup deſcouuert, ne pechera pas mortellement. C'eſt à ſçauoir, ſi celle qui ne monſtre ſon ſein qu'vn peu deſcouuert, le monſtre deuant quelqu'vn qu'elle croit qu'en le voyant il tombera en quelque ſorte de peché mortel, lequel autrement

& sans cette occasion il n'auroit pas determiné de commettre. Ce qu'elle pourra reconnoistre, par ce que peut-estre luy mesme luy aura desia dit autrefois que lors qu'il la voit de telle sorte, pour le plus souuent & ordinairement il se laisse emporter à quelque peché mortel: Ou bien encor, par ce qu'elle l'aura apprise de quelque autre à qui celuy-cy l'aura declaré. Et au cõtraire, si celle qui monstre son sein beaucoup découuert, le monstre deuant quelqu'vn qu'elle croit qu'en le voyant il ne sera pas beaucoup esmeu, & ne tombera point pour cela en aucun peché mortel. Ce qu'elle pourra reconnoistre, ou par ce que luy mesme peut-estre luy aura semblablement declaré, ou par ce qu'elle l'aura apprise de quelqu'autre, à qui celuy-cy l'aura declaré. C'est à sçauoir, ou par ce qu'il aura esté esleué & nourri toufiours auec elle en la voyant ainsi descouuerte : ou par ce que de longue main, & depuis vn grand temps il se sera accoustumé à la voir tousiours ainsi : ou par ce qu'il sera d'vn temperament grandement froid, ou pour quelque autre semblable cause.

Si quelqu'vne me demande : Quoy donc ? est-il possible qu'on ne puisse iamais en façon quelconque monstrer son sein nud sans pecher ? Et quand est-ce qu'on commence à pecher mortellement en le monstrant ?

A cela ie respons en premier lieu, que si peu qu'on le monstre, il y a tousiours pour le moins peché veniel : Si ce n'est que quelque circonstance extraordinaire modifie la chose : veu que les choses morales dependent principalement des circonstances ; ce qui ne se peut rencontrer neantmoins que fort rarement. Et la raison de cecy est, parce que lors on se donne à soy mesme & à autruy vn suiet pour exciter quelque pensée pour le moins vaine & oysiue. Comme aussi, parce que lors on donne aux hommes vne occasion esloignée de pecher mortellement, & vne occasion prochaine de pecher veniellement.

En second lieu ie respons, qu'on ne peut determinément assigner combien il est requis que le sein soit descouuert pour commencer à pecher mortellement : Ne plus ne moins qu'on ne peut determinément assigner quelle quantité d'argent il est requis de desrober pour commencer à pecher mortellement en desrobant. C'est pourquoy, tout ainsi que quelquefois ce qu'on se persuadera absoluement parlant n'estre que peché veniel à desrober, deuant Dieu sera iugé estre peché mortel : Et au contraire, ce qu'on ſe perſuadera abſolument parlant eſtre peché mortel à deſrober, quelquefois deuant Dieu ſera ſeulement iugé eſtre peché veniel. De meſme quelquefois, quand vne femme ſe perſuadera abſolument parlant n'y auoir que peché veniel à monſtrer ſon ſein d'vne certaine façon deſcouuert, Dieu iugera y auoir peché mortel. Et au contraire, quand elle ſe perſuadera abſolument parlant y auoir peché mortel, quelquefois Dieu iugera ſeulement y auoir peché veniel.

En vn mot, les femmes desbraillées doiuent pour ce craindre d'eſtre du nombre de celles qui ont en ſoy quelques pechez mortels à elles cachez & inconnus, pour leſquels neantmoins elles ſeront indubitablement damnées, ſi elles meurent en ceſt eſtat, & n'en font auparauant penitence, à l'imitation de Dauid, diſant : *Nettoyez-moy, Seigneur, de mes pechez inconnus, & pardonnez à voſtre ſeruiteur les pechez d'autruy* : c'eſt à dire, dont par ſon mauuais exemple il pouuoit auoir eſté cauſe.

Dauantage, ce qui ſe dit icy du ſein, ſe doit auſſi entendre de quelque autre partie du corps que ce ſoit, comme encor des paroles & actions par leſquels on peut donner occaſion de pecher à autruy, ſoit homme, ſoit femme.

CHAP. VIII.

De quelques abus ou impudences particulieres de plusieurs femmes desbraillées.

IL y en a plusieurs ; mais ie me contenteray d'alleguer ceux qui me viendront presentement en memoire.

Le premier abus est, qu'elles osent bien souuent se presenter à la saincte Confession & Communion en cét estat. Certes, les Prestres qui leur donnent lors la saincte absolution & communion, se monstrent (s'il faut ainsi dire) grandement niais, papelards, & flateurs, participans à leur peché. Sainct Paul ne dit-il pas ; *Gardez-vous bien d'imposer trop tost les mains* (c'est à dire, d'administrer quelque Sacrement)*sur aucun, de peur*

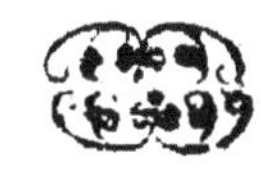

que ne participiez à son peché? Ils deuroient les renuoyer en leur faisant vne confusion notable, & leur refusant ce qu'elles demandent. Mais quoy? le desir du gain trop souuent les aueugle. Les Religieux mesmes (qui se trompettent ordinairement plus reformez & plus mortifiez que les Prestres des Parroisses) ayans esgard tant au lucre qu'à l'honneur & credit, en cela bien souuent ne sont pas moins coulpables. Ils ne ressemblent pas à sainct Antonin Archeuesque de Florence, dont il est rapporté qu'il chassoit de toutes les Eglises de son Diocese les femmes qu'il rencontroit desbraillées, disant qu'elles estoient *les instrumens des demons pour perdre les ames.*

In vita eius apud Suriũ, tom 3.

Le second abus est, qu'elles portent ordinairement vne croix ou l'Image du Sainct Esprit penduë à leur col. Ie leur demanderois volontiers, A quel propos? Car en premier lieu, que represente la croix, sinon la mortification? Et cependant monstrans leur sein nud, elles monstrent quant & quant de deux choses l'vne. Ou qu'elles renoncent tout à plat de pratiquer la mortification en aucune partie ou puissance de leur corps & de leur ame (contre ce qu'a dit S. Paul; *Portez tousiours en vos corps & en tout lieu la mortification de Iesus-Christ.*) Ou bien, si elles la veulent en quelque façon pratiquer, que pour le moins elles veulent que leur sein soit excepté & exempt de la pratiquer, auquel elles veulent donner toute sorte de contentement, de delectation, & de satisfaction: Comme si elles estoient capables de souffrir pour Dieu beaucoup plus qu'il ne merite.

En ſecond lieu, quant à l'Image du Sainct Eſprit qu'elles portent penduë à leur col ; que veut-elle ſignifier , ſinon qu'elles tiennent tacitement en elles-meſmes ce langage : *Ie ſçay bien que le ſainct Eſprit m'inſpire de cacher mon ſein ; mais pourtant ie ne me ſoucie pas beaucoup de ſes ſainctes inſpirations: C'eſt pourquoy malgré luy ie le veux monſtrer nud impudemment*? En quoy elles feroient beaucoup mieux (ce me ſemble) de porter à leur col l'image d'vn crapault ou d'vn corbeau : Attendu que ces animaux ſe plaiſent parmy les ordures; & leur ame (qui eſt lors en eſtat de peché mortel) eſt reputée deuant Dieu comme de la fiente & de l'ordure, ſelon qu'il eſt dit: *Elles ont croupi en leur ordure comme des beſtes.* Et derechef : *La femme deshonneſte eſt comme de la fiente en la voye.*

Le troisiesme abus est, que quand il y a quelque Iubilé ou pardon de pleniere indulgence en quelque Eglize, on les y verra trotter pour le penser gaigner. Mais elles se trompent lors grandement : veu que le pardon ne se gaigne que pour les pechez cōmis que l'on deteste de tout son cœur, & ausquels on n'a plus du tout d'affection. Et cependant ces mesmes femmes allans à cette Eglise où est le susdit pardon, non seulement ne se repentent pas de leur desbraillement passé; ains au contraire ont la volonté d'y continuer & perseuerer opiniastrément.

Le quatriesme abus est, qu'à la Feste-Dieu voyans qu'on tend les murailles des ruës de tapisseries, & ionche les pauez de fleurs & d'herbes odoriferantes pour faire honneur au Sainct Sacrement que l'on porte en

procesſion; elles ont decouſtume d'aſſiſter à cette meſme procesſion monſtrans leur ſein nud: Comme ſi elles ne pouuoient lors trouuer aucun ornement poictrinal qui peuſt faire plus d'honneur à Ieſus-Chriſt preſent, que la nudité de leur ſein. O impudence intolerable! ô ſacrilege deteſtable, de ſe vouloir ſeruir des choſes meſmes qui ſont deſagreables & en horreur à Dieu, pour luy plaire & agreer! Certes, il vaudroit beaucoup mieux qu'elles ſe tinſſent ce iour là en leur maiſon, & n'aſſiſtaſſent point du tout à la procesſion, que d'y aller en tel equipage. C'eſt bien là le moyen d'impetrer de luy ſes graces & benedictions: Elles encourent pluſtoſt ſa colere & malediction. Eſt-ce le moyen (ie vous prie) d'attirer quelqu'vn chez ſoy, que d'y auoir & loger ſon ennemy? Il eſt
Sapient. 1. dit: *Le S. Eſprit fuira la disſimula-*

tion, & ne peut faire sa demeure en vn corps, poictrine, ou sein *assuietti au peché*, ainsi qu'il l'est lors particulierement qu'il est nud & descouuert.

Le cinquiesme abus (& peut-estre le pire de tous) est, qu'és Parroisses ordinairement (& aussi depuis quelque temps és Eglises Monastiques) l'on voit des Questeuses tellemēt desbraillées, qu'on les prendroit pour des vrayes Comediennes, des Farceuses, & des Mascarades. Est-ce ainsi que l'on prophane le sainct Temple de Dieu? Où sommes-nous? En quel siecle sommes-nous? Veut-on amener le carnaual dans les Eglises? Y veut-on planter des idoles? Y veut-on iouër des bals? de dire que lors que le peuple tasche és Festes principales de l'année d'y faire son petit deuoir pour se recueillir & reunir auec Dieu par la reception des Sacremens de Penitence & de l'Euchariſtie;c'eſt pour lors particulierement qu'on introduira deux ou trois Baladines, qui toutes desbraillées rodans & penetrans par pluſieurs tours & retours tous les coins & recoins de ces Egliſes ſous pretexte de queſte, vont diſſipans & rauageans comme Harpyes infernales par vn ſcandale mortel le peu de bonnes œuures & fruicts que peuuent produire lors ceux qui dans l'Eſcriture ſont appellez *Petits*. Certes, il vaudroit mieux que toutes ces queſtes fuſſent au fond de la mer, que de les admettre auec tel & ſi grand abus. Et les Curez, & Marguilliers, & autres pouuans remedier à ce mal & n'y remedians pas, en reſpondront au iour du iugement *ame pour ame*.

Matth.18.

A ce propos, il y a quelque temps qu'eſtant auec vne certaine perſonne de marque, mariée, & aſſez versée en la Philosophie tant des choses naturelles que surnaturelles, & non moins zelée du zele diuin; & discourant familierement auec elle de choses indifferentes, ie fus tout estonné qu'elle me dit auoir veu en la Neffe de sa Parroisse certaines tapisseries où estoient dépeints des bergers folastrãs lasciuement auec des bergeres, & plusieurs autres semblables sottises: Et en vne autre Eglise, le tableau d'vne dame desbraillée au dessus d'vn certain Autel; dont elle se scandalizoit fort. Il vaudroit mieux (adiousta-t'elle) voir les murailles des Eglises toutes nuës, que non pas reuestuës de telles tapisseries, ou couuertes de tels tableaux. A la parfin (poursuiuit-elle) on fera des Venus ou Cupidons au dessus du S. Ciboire mesmes ou Soleil où l'on a de coustume de reposer la saincte Hostie. Pour moy, ie demeuray lors tout confus, ne sçachant que respondre, & haussant les espaules, & luy auoüant qu'à la verité cela estoit tres-mal.

Le sixiesme abus est, qu'il se voit des meres qui estans assez modestement reuestuës, permettent que leurs filles monstrent leur gorge & sein nud. A telles meres ie n'ay qu'vn mot à dire tiré de S. Paul, qui est que *non seulement ceux qui font mal, mais encor ceux qui y consentent, sont dignes de mort:* c'est à dire, de la damnation eternelle.

Ie n'aurois iamais faict, si ie voulois m'amuser à poursuiure toutes les inepties & malices des femmes mondaines. Il est temps que ie finisses, aprés auoir auparauant encor remarqué ce petit mot, qui est que le comble de leur impudence se manifeste palpablement en Hyuer, lors qu'il gele

(comme

(comme l'on dit) à pierre fendre: Car alors (chose prodigieuse) on les verra bien souuent par les ruës autant desbraillées, comme és plus grandes chaleurs d'Esté: D'où vient que quelquefois elles en contractent de tresgriéues maladies & mesmes la mort. En quoy elles commettent lors double peché mortel. L'vn, en tant qu'elles dõnent à autruy occasion manifeste de pecher mortellement. L'autre, en tant que par leur propre faute cette maladie ou mort leur aduient.

COROLLAIRE, CONTRE les femmes desbraillées qui ne se voudront reformer ayans leu tout ce qui a esté dit cy-dessus.

TElles sortes de femmes sont semblables à ceux qui dans l'Escriture disent à Dieu: *Retirez vous* Iob 21.

de nous, nous ne voulons point la scien-ce de vos voyes. Mais on leur peut res-
Ierem. 3. pŏdre ce qu'encor il y est dit: *Tu as le front d'vne impudente, tu ne sçais que*
Isai. 48. *c'est de rougir.* Et derechef: *Ie sçauois bien que tu estois dure, & que ton col estoit comme vn nerf de fer, & ton*
Ezech. 2. *front d'airain.* Item: *Tu es de dure cer-uelle & d'vn cœur incorrigible, & vne maison rebelle*: c'est à dire, qui ne fait qu'aigrir & colerer Dieu. Ou bien
Act. 7. encor: C'est grand cas que *vous resistez tousiours au sainct Esprit*: c'est à dire, à ses sainctes inspirations. Le Prophete Ieremie les descrit en cette
Ierem. 5. sorte, disant: *Elles ont endurci leurs faces plus que la pierre, & n'ont pas*
Zach. 7. *voulu retourner.* Le Prophete Zacharie adiouste: *Elles n'ont pas voulu entendre & ont tourné le dos se retirans, & ont estouppé leurs oreilles de peur d'escouter, & ont rendu leur cœur com-*

me vn diamant, de peur d'oüir la loy & les paroles que le Dieu des batailles a enuoyé.

Or ce n'est pas vn petit peché de resister aux inspirations de Dieu. Voyons vn peu ce qu'en dit l'Escriture saincte. Et premierement Dauid nous admoneste de n'y pas resister, parlant en cette sorte: *Si vous auez aujourd'huy entendu sa voix* (c'est à dire, receu l'inspiration de Dieu,) *gardez-vous bien d'endurcir vos cœurs*. Et aussi S. Paul, disant: *Gardez-vous bien d'esteindre en vous l'esprit de Dieu*: c'est à dire, sa saincte inspiration. Et derechef: *Nous vous exhortons à ce que vous ne receuiez point la grace de Dieu* (c'est à dire, sa saincte inspiration) *en vain*. Ailleurs, ceux qui resistent aux inspirations de Dieu, sont dits par le mesme Sainct *faire iniure à l'esprit de la grace, contrister le S.*

Psalm. 94.

2. Thess. 5.

2. Cor. 4.

Heb. 10.

Ephes. 4.

Esprit, crucifier derechef le Fils de Dieu, le mespriser, estimer le sang du
Hebr.6. *Testament soüillé, & en fin fouler aux pieds le Fils de Dieu.* Et pour ce aussi Dieu a de coustume de retirer ses graces de telles personnes en punition de leur ingratitude. Car il est
Matth.13. dit dans l'Euangile : *A celuy qui a, il luy sera donné, & il abondera: Mais à celuy qui n'a point, il luy sera osté mesmes ce qu'il a.* C'est à dire, qu'à celuy qui fera fructifier les graces qu'il a, Dieu en donnera dauantage, en sorte qu'il abondera : mais de celuy qui ne les fera pas fructifier, il les ostera. Et de faict, les Apostres ne dirent-ils
Act.13. pas: *Parce que vous repoussez la parole de Dieu, & vous iugez indignes de la vie eternelle* (c'est à dire, & ne voulez non plus operer pour la vie eternelle, que si vous vous en iugiez indignes & incapables,) *voila que nous nous en*

allons & retournons vers les Gentils? De là vient, que S. Bernard a dit: *L'ingratitude* (laquelle se retrouue tousiours en ceux qui resistent aux inspirations de Dieu) *est vn vent bruslant qui tarit la fontaine de pieté, la rosée de misericorde, & les ruisseaux de la grace.*

Or non seulement Dieu retire ses graces des personnes qui resistent à ses sainctes inspirations (ce qui n'est pas vn petit mal, veu que c'est vne doctrine commune en Theologie, qu'il vaudroit beaucoup mieux faire perte de tous les biens du monde, que non pas de la moindre grace de Dieu:) Mais encor, il les menace de plusieurs autres maux & supplices. Car premierement il est dit en l'Escriture: *Il a ouy le son de la trompette* (c'est à dire, receu l'inspiration de Dieu,) *& ne s'est pas gardé* (c'est à dire, ne l'a Ezech. 33.

pas obſeruée ny pratiquée,) *ſon ſang ſera ſur luy:* c'eſt à dire, il ſera cauſe luy-meſme de ſon malheur. S. Paul dit:
Rom. 1. *La colere de Dieu eſt reuelée du ciel ſur toute impieté & iniuſtice des hõmes qui retiennẽt la verité en iniuſtice:* c'eſt à dire, qui cognoiſſans le bien ne le
Heb. 6. font pas. Et derechef: *La terre qui boit ſouuent la pluye qui tombe ſur elle, & ne produit que des eſpines & chardons* (c'eſt à dire, l'ame qui reçoit ſouuent les inſpirations de Dieu, & fait touſiours des meſchantes œuures,) *eſt reprouuée, & tres-prochaine de malediction; dont la fin tend à eſtre bruſlée.*
Eccl. 3. L'Eccleſiaſtique: *Le cœur obſtiné ſera bien mal venu ſur la fin de ſes iours:* à ſçauoir auec Dieu. Conformément à
Prou. 1. cecy Dieu dit ailleurs: *Ie vous ay appellé, & vous auez refuſé de venir: I'ay eſtendu ma main, & vous n'auez daigné la regarder: vous auez meſpriſé*

tout mon conseil & negligé mes reprehensions: Et moy ie me riray aussi en vostre perte, & me gausseray, quand il vous sera arriué ce que vous craigniez.

Pour toutes ces considerations donc, à celuy qui resiste aux inspirations de Dieu l'on peut dire: *Selon ta dureté & ton cœur impenitent tu te thesaurizes la colere de Dieu pour le iour de sa colere.* Rom. 2.

Et si dauanture les femmes qui ne se voudront reformer ayans leu tout ce qui a esté dit cy dessus, veulent maintenir n'y auoir aucun peché à estre desbraillées comme elles sont: il leur faut dire ce que Sainct Pierre dit à Ananie: *Tu as menti au S. Esprit, &* Act. 5.
non pas seulement *aux hommes.*

FIN.

TABLE DES CHAPITRES.

Fin de la Table.

www.ingramcontent.com/pod-product-compliance
Ingram Content Group UK Ltd.
Pitfield, Milton Keynes, MK11 3LW, UK
UKHW022123260726
13993UKWH00003B/1191

9 782329 282435